ना मुकम्मल मुलाकात
NA MUKAMMAL MULAAKAT

सौम्या वर्मा

Copyright © Saumya Verma
All Rights Reserved.

ISBN 978-1-63806-489-3

This book has been published with all efforts taken to make the material error-free after the consent of the author. However, the author and the publisher do not assume and hereby disclaim any liability to any party for any loss, damage, or disruption caused by errors or omissions, whether such errors or omissions result from negligence, accident, or any other cause.

While every effort has been made to avoid any mistake or omission, this publication is being sold on the condition and understanding that neither the author nor the publishers or printers would be liable in any manner to any person by reason of any mistake or omission in this publication or for any action taken or omitted to be taken or advice rendered or accepted on the basis of this work. For any defect in printing or binding the publishers will be liable only to replace the defective copy by another copy of this work then available.

"ना मुकम्मल मुलाकात" कविता एवं शायरी का संग्रह है यह किताब मैं इसके सभी पाठकों को समर्पित करना चाहती हूं जो इन पृष्ठों से होकर गुजरेंगे। साथ ही मैं यह आशा भी करती हूं कि आप को यह किताब आपको पसंद आए।

क्रम-सूची

प्रस्तावना	vii
भूमिका	ix
पावती (स्वीकृति)	xi
आमुख	xiii
सौम्या वर्मा	xv

"मेरी पहली ग़ज़ल"

"कुछ अनकही बाते"

"छोड़ ना... क्या फर्क पड़ता है...???"

"लाज़िम है"

"कुछ बातें खुद से..."

"मेरे लिए... वो ख़ास आज भी है...!!!"

"आज फिर से मैंने अपनी डायरी लिखी"

"ये इश्क़"

"एक खास शख्स"

"लिखना लाज़मी है मेरा"

"जो ख़ुशी मेरी थी कभी, अब किसी और की हो गई है"

"तू इश्क़ कर, कुछ ज़्यादा कर...!!!"

"फिर भी तूं मेरा है फिर भी मैं तेरी हूं"

"संभाल पाएंगे क्या...???"

"काश वो लौट आए...!!!"

"पल भर"

"अभी जिंदा हूं मैं...!!!"

• v •

क्रम-सूची

"बस थोड़ा सा मुस्कुरा दो"

"कुछ ख़्याल मेरे..." 39

प्रस्तावना

"ना मुकम्मल मुलाकात" एक रचयिता के तौर पर मेरी पहली किताब है। इस किताब में लिखी गई सभी बातें मात्र एक कल्पना है जो मेरे मन में उत्पन्न हुई तथा जिसे मैंने पंक्तियों में परिवर्तित किया है, इस किताब के माध्यम से मैंने अपनी कुछ रचनाओं को आपके सामने प्रस्तुत करने का प्रयास किया है।

सौम्या वर्मा

(रचनाकार)

भूमिका

"ना मुकम्मल मुलाकात" एक भारतीय लेखिका द्वारा रचित पुस्तक है, इस किताब में उनकी स्वरचित कविताएं तथा कुछ शायरियां संग्रहित की गई है इस पुस्तक में उन्होंने अपनी कविताओं के माध्यम से पाठकों के मनोभावों को भी प्रकट करने का प्रयास किया है।

पावती (स्वीकृति)

मुझे इस किताब की रचना करने में सक्षम बनाने के लिए मैं ईश्वर को धन्यवाद देना चाहती हूं, फिर मैं अपने माता-पिता (शिवदयाल वर्मा एवं मीरा वर्मा) को धन्यवाद देना चाहती हूं, जिन्होंने मुझे शिक्षित किया और मेरे जीवन के हर पड़ाव पर साथ दिया। फिर मैं अपने सभी दोस्तों और मेरे शुभचिंतकों का शुक्रिया अदा नहीं करना चाहती हूं जिन्होंने मुझे अपने सुझाव और दिशा निर्देश के माध्यम से प्रत्यक्ष और अप्रत्यक्ष रूप से समर्थन दिया।

साथ ही मैं "Notion Press" और "सलमा मलिक"(Compiler of "breathing words") का भी शुक्रिया अदा करना चाहती हूं

अंत में मैं विशेष रूप से अपनी दीदी (अर्चना वर्मा) का आभार प्रकट करना चाहती हूं बिना उनके सहयोग के इस मुकाम तक पहुंचना मेरे लिए नामुमकिन था।

सौम्या वर्मा

(रचनाकार)

आमुख

एक लेखक के रूप में यह मेरी पहली पुस्तक है, इसलिए मैं यह आशा करती हूं कि पाठकों में मेरी यह पुस्तक प्रशंसनीय हो

> *""लफ़्ज़ों से बयां ना हुई, उस बात को समझ लो*
> *जो मेरे साथ तुम्हारे भी हैं उस जज़्बात को समझ लो*
> *मुझ पर बीती है क्या मेरे हालात को समझ लो*
> *मेरी ना मुकम्मल मुलाकात को समझ लो"*

सौम्या वर्मा

सौम्या वर्मा (शिवदयाल वर्मा एवं मीरा वर्मा की पुत्री),एक भारतीय लेखिका है, जो रायपुर, छत्तीसगढ़ में रहती हैं। यह PRSU विश्वविद्यालय में विज्ञान स्नातक की पढ़ाई कर रही हैं।इन्हें बोलने में संकोच होता है, इसलिए इन्होंने अपने शब्दों को व्यक्त करने के लिए लिखना पसंद किया। आधुनिक समय में यह एंथोलॉजी के सह-लेखिका के रूप में कार्य कर रही है।

सौम्या वर्मा

"मेरी पहली ग़ज़ल"

कि अब सोच रही हूं मैं भी कोई कहानी सुनाऊं
कि लिखी कैसी थी वो पहली ग़ज़ल ये बताऊं

कि कुछ अधूरा सा रह गया था तब इश्क़
कि चलो आज पूरी वो दास्तां कर जाऊं

कि हासिल ना सही वो मुझे
पर मिला कैसे था ये ही बता आऊं

कि वो ग़ज़ल तो खैर मुझे पूरी याद नहीं
पर इक मुखड़ा ही समझा जाऊं

कि मेरे ख़ासम-खास में भी सबसे खास था जो
आज फिर उसकी करतूतों का राज़ खोल आऊं

कि ऐसे मंज़र पर मिला था
जब ना था उसका कोई, ना मैं किसी की कहलाऊं

कि फिर लगा शायद उसे कि बढ़ गए इसके चाहने वाले
तो क्यों न मैं ही छोड़ के चला जाऊं...!!!

और दास्तां अभी खत्म नहीं हुई
बड़ी ना हो जाए इसलिए सोचा कभी और सुनाऊं

चूंकि यह अधूरा था, तो इसे लिखने के कुछ वक्त बाद, मैंने कुछ और पंक्तियां लिखी है....

कि बात फिर हुई हमारी
ना मुकम्मल सी मुलाकात फिर हुई हमारी

कि सोच लिया था अब की दफा
या रहे ताउम्र साथ, या हो जाएं पूरी तरह दफ़ा

कि शायद अब अनबन थोड़ी ज्यादा हो गई थी
कि किस्मत इस बार हमारी सो गई थी

कि इस बार कह ही दिया कि जा फ़र्क नहीं पड़ता
कि सच है अब वो भी तो परवाह नहीं करता

कि अब ठीक हूं मैं भी
कि अब खैर है वो भी

कि मैं जुदा हो गई उससे
कि वो जुड़ा रह गया मुझसे

"कुछ अनकही बाते"

यूं तो सवाल बहुत उठते हैं ज़हन में
पर ज़रुरी तो नहीं हर जिक्र पर लिख पाऊं

जो ख़्याल यूं बेवक्त से दस्तक दे
उन पर हर दफा कुछ कह पाऊं

याद तो यह भी नहीं रहता
क्या कह कर भूल गई

तो जो लिखा ही नहीं कभी
फिर वो मै कैसे सुनाऊं

मुझे ख़बर तक नहीं रास्ते की
तो मंजिल की कहानी कैसे बताऊं

नींद आई ही नहीं जब
तो ख्वाब तुम्हें कैसे दिखाऊं

जो बसा हुआ है मन में
चाहते हों उसे बिना याद किए भुलाऊं

"छोड़ ना... क्या फर्क पड़ता है...???"

तू हो, या ना हों...
छोड़ ना... क्या फर्क पड़ता है...???

तेरे हाल से
तेरे बदले हुए चाल ढाल से
तेरे बिन गुज़रे इस एक साल से
छोड़ ना... क्या फर्क पड़ता है...???

तुझसे हुई बातों से
तेरी जो अब नहीं आती, उन यादों से
जो हुई ही नहीं कभी, उन मुलाकातो से
छोड़ ना... क्या फर्क पड़ता है...???

यादे जुड़ी है जहां मेरी, तेरे उस घर से
आने की बाते करती थी मैं जहां, तेरे उस शहर से
जो बित जाते थे तुझ संग कभी, उन सारे पहर से
छोड़ ना... क्या फर्क पड़ता है...???

तेरे भुक्कड़ जैसे खाने से
मेरे लिए परवाह दिखाने से
वो तेरा "जान" कहकर मुझे बुलाने से
छोड़ ना... क्या फर्क पड़ता है...???

तेरे कॉल पर आने वाली मुस्कान से
तुझसे, और तेरी पहचान से
तेरे वक्त से तेरी ईमान से
छोड़ ना... क्या फर्क पड़ता है...???

तेरे रुठने से, तेरे मनाने से
तेरे टूटने से, तेरे सिमट जाने से
तेरे बिखरने से, तेरे निखरने से
छोड़ ना... क्या फर्क पड़ता है...???

अच्छा सुन ना...
आज सच में तेरी याद बहुत आ रही है
पर...
छोड़ ना... क्या फर्क पड़ता है...???

कुछ पंक्तियां पेश करना चाहूंगी उसकी तरफ़ से खुद के लिए कि अब वो क्या सोचता होगा मेरे लिए...

तूं तो पहले भी बस कहता ही थी
"तूं मेरी परवाह कहां करता है?"
वरना मेरे होने ना होने से
तुझे कभी कहां फर्क पड़ता है

यूं तो लड़ लेता था मैं उनसे
जो तेरे करीब आना चाहते थे
हां चिढ़ होती थी उनसे
जो तुझे पाना चाहते थे
और तूं मुझे कहती थी
कि क्यों तूं इनसे बेवजह लड़ता है
खैर... छोड़ ना... क्या फर्क पड़ता है...???

तूझे मेरे आलम का,
ज़रा भी अंदाजा नहीं है
बस दोस्ती पक्की थी अपनी,
किसी इश्क़ का वादा नहीं है
तूं भी ख़ास थी कभी मेरे लिए
एक ऐसा बंधन थी
जो लाख मिन्नतों बाद जुड़ता है
खैर... छोड़ ना... क्या फर्क पड़ता है...???

अंत में मैं बस यही बोलना चाहती हूं कि...

पता तो तुझे भी है,
गलती तेरी छोटी ना थी
ऐसा भी नहीं है...
कि पहले गलतियां होती ना थी

पर अब मैं माफ़ कर पाऊंगी नहीं
तू कोशिश अब हजार चाहें लाख कर
अब मैं तुझे मिल पाऊंगी नहीं
तू जा... किसी और की तलाश कर...!!!

"लाज़िम है"

मेरे हर किस्से में,
इक़ हिस्सा होना तेरा, लाज़िम है

तरसती निगाहों को,
सुकून के लिए दिखना तेरा, लाज़िम है

अंधेरी सी दुनिया में मेरी
उजाले की किरण बनना तेरा, लाज़िम हैं

बंजर जमीन सी दुनिया में मेरी
बारिश बन कर आना तेरा, लाज़िम है

मेरा रास्ता तो तू है ही,
मेरी मंजिल भी होना तेरा, लाज़िम है

"कुछ बातें खुद से..."

सुनो...
तुम अब सिर्फ बड़बड़ाओ नहीं...
मुझसे बातें भी करों
जवाब जानो अपने सारे
और हल सवाल मेरे भी करों

अच्छा...
तुम ठीक तो हो ना ??
खैरियत अपनी बताओं मुझे
और ख़ैर मेरी छोड़ो...
अपनी सारी दास्तां सुनाओ मुझे

पुछो...
जो सवाल तुम्हारा
हर बार अधुरा रह जाता है
और लफ़्ज़ों तक आ कर भी
बस ज़हन में रह जाता है

बताओं...
हर वो बात मुझे
जो किसी और को बता नहीं पाती
ऐसा क्या है ... ???
जिसका जिक्र तुम खुद से भी कर नहीं पाती

एक जवाब मैंने खुद को फिर कुछ यूं दिया
की एक सवाल मैं खुद को ही उलझा दिया

कि अपने सवालों से तू यूं ना जता
कि तूं खुद को ही नहीं पहचानती
खैर, लोगों की तो छोड़ ही दो,
क्या तुम खुद को ही नहीं जानती...????

"मेरे लिए... वो ख़ास आज भी है...!!!"

जो थी उस में, वो बात आज भी है
उससे जुड़ी हर बात, याद आज भी है
ज़हन में बसे उनसे, कुछ राज़ आज भी है
मेरे लिए... वो ख़ास आज भी है...!!!

उससे मेरी बातें होना
डर उसका कि मुझको खोना
ये अतीत के पन्नों में,
कहीं सिमट सी गई है
पर मुझे लिखनी ये किताब आज भी है
मेरे लिए... वो ख़ास आज भी है...!!!

उसकी मेरी तकरार से,
परेशान कोई और शख्स था
थी तो मैं रूहानी
पर वो मेरी रूह का अक्श था
खैर जैसा भी था वो... लाजवाब आज भी है
मेरे लिए... वो ख़ास आज भी है...!!!

मेरे हर सवाल का मानों
जैसे वो जवाब सा था
हां है तो हकीकत ही

पर शायद किसी ख्वाब सा था
मेरे लिए अहमियत उसकी, बेहिसाब आज भी है
मेरे लिए... वो ख़ास आज भी है...!!!

"आज फिर से मैंने अपनी डायरी लिखी"

आज फिर से मैंने अपनी डायरी लिखी

कहीं बनाया चित्र कोई,
तो कहीं पर शायरी लिखी,
आज फिर से मैंने अपनी डायरी लिखी

कहीं पन्ने पलटें पीछे,
कहीं जिंदगी भी पलटी दिखीं,
आज फिर से मैंने अपनी डायरी लिखी

वो नाम मेरा, वो कारीगरी मेरी,
आज मैंने वापस सीखी,
आज फिर से मैंने अपनी डायरी लिखी

कहीं नया सा किस्सा लगा,
तो कहीं याद पुरानी दिखीं,
आज फिर से मैंने अपनी डायरी लिखी

"ये इश्क़"

किसी के लिए जीने का मकसद,
तो किसी के मौत का जरिया है ये इश्क़
किसी के लिए सुकून का लम्हा,
तो किसी के लिए घुटन सा है ये इश्क़

किसी के लिए दुआ सा है
किसी को बद्दुआ लगें ये इश्क़
किसी का लम्हा ठहरा दें
तो किसी की ज़िंदगी चलातीं है ये इश्क़

किसी के लिए शांति
तो किसी के लिए तूफान है ये इश्क़
किसी का लूट ले ईमान
तो किसी के लिए पहचान है ये इश्क़

किसी के लिए लाएं खुशियां
किसी को ग़म दें जाती है ये इश्क़
किसी के लिए आबादी
तो किसी की बर्बादी है ये इश्क़

"एक खास शख्स"

मैं कुछ दिन से यह सोच कर परेशान थी
कि मैं यूं बेवजह परेशान क्यूं हूं...

अभी समझ आया...
कि ये किसी ऐसे की कमी थी
कभी मेरे पास जिसकी,
मौजूदगी ही नहीं थी

मैं सोच सबको रही थी,
पर ज़हन में कमी
उसी की खल रही थी
जिसकी वजह से जिंदगी
कुछ दिन से बस ठहर गई थी
बिल्कुल भी नहीं चल रही थी

मुझे समझ नहीं आ रहा
कि क्या वो सच में मुझसे परेशान था
या इसी तरह मेरी कमी में
वो भी मुझ सा हैरान था...

क्या वो भी जल्दी सो जाता होगा
सपनों में फिर खो जाता होगा
खैर उसकी आपबीती का तो मुझे अंदाजा नहीं
पर क्या वो भी तकिए के सहारे
मेरी तरह रो जाता होगा...???

मिलता होगा क्या वो भी मेरी यादों से
या नफ़रत हो गई उसे मेरी बातों से

आज उससे एक अजनबी बन कर बात की
उसकी खुशियों की उससे ही फरियाद की
अनजाने में ही सही...
उसने मुझसे आज फिर एक हल्की सी मुलाकात की

हां याद करता है वो भी ये जान गई मैं
मैं कुछ तो जरूर हूं उसके लिए आज भी ये मान गई मैं

उसकी बातें आज भी हैरान करती है
मुझे पहले की तरह ही परेशान करती हैं

दिखाता तो है कि खुश वो बहुत है
पर आज भी खोया खोया रहता है
दिल में जो है उसे खुद तक ही रखता है
मेरे बाद अब किसी से नहीं कहता है

मुझसे बयां सब-कुछ करता था वो
हां एक मंजर था जब मेरे लिए डरता था वो

वो मेरा प्यार नहीं पर मेरे लिए खास आज़ भी है
मेरे लिखने का सरगम और सरताज आज भी है

दुआ है वो मुझे एक दफा फिर से मिल जाए
एक अंजानी गलती की वजह से मुझसे यूं दूर ना जाएं

"लिखना लाज़मी है मेरा"

लिखना लाज़मी है मेरा,
मुझे बोलना नहीं आता...

बाते कम ही करती हूं मैं,
क्यूंकि जुबां के कमान से निकले,
कड़वे तीर से शब्दों को,
मुझे टटोलना नहीं आता

लिखना लाज़मी है मेरा,
मुझे बोलना नहीं आता...

बाते तो मेरी भी प्यारी होती है,
पर तब, जब वो कहीं लिखीं होती है,
उस वक्त नहीं... जब कोई सुनें उन्हें मुझसे
क्यूंकि मुझे अपने शब्दों में,
मिठास घोलना नहीं आता

लिखना लाज़मी है मेरा,
मुझे बोलना नहीं आता...

रिश्तों में कहीं कसीस ना हो,
इस उलझन में भी ख़ामोश रहती हूं
क्यूंकि मुझे रिश्तों को,
शब्दों में तोलना नहीं आता

लिखना लाज़मी है मेरा,
मुझे बोलना नहीं आता...

"जो ख़ुशी मेरी थी कभी, अब किसी और की हो गई है"

वो बचपन वाली हंसी मेरी, कही खो गई है
जो ख़ुशी मेरी थी कभी, अब किसी और की हो गई है

खिलौनों के लिए लड़ना, और टूट जाने पर रोना
ज़िद जी भर के करना, और कभी परेशान नहीं होना
वो पल, वो लम्हे, अब एक याद हो गई है
जो ख़ुशी मेरी थी कभी, अब किसी और की हो गई है

बचपन की दोस्ती भी कुछ ऐसी ख़ास थी
कि उस वक्त गलतियां भी सबकी बर्दास्त थी
पर अब वो दरियादिली भी अब कहीं खो गई है
जो ख़ुशी मेरी थी कभी, अब किसी और की हो गई है

"तू इश्क़ कर, कुछ ज़्यादा कर...!!!"

नफ़रत कर खत्म अपनी, या फिर उसको आधा कर
तू इश्क़ कर, कुछ ज़्यादा कर...!!!

मानती हूं मिला है हर बार तूझे कोई ग़लत इंसान
पर हों सकता है न.. इस बार ऐसा कुछ न हो मेरी जान
तू इस बार मुझे खुल कर जीने का वादा कर
तू इश्क़ कर, कुछ ज़्यादा कर...!!!

हो सकता है उसने बताया नही तुम्हें
पर तुमने पूछ कर देखा है क्या..??
धोखे मिलें तुम्हें जिनसे
वो भी उन सब के जैसा है क्या...???
तू बात कर और उसे समझ
अनजाने में खुद से कोई वादा ना कर
तू इश्क़ कर, कुछ ज़्यादा कर...!!!

गिले शिकवो को अपने दूर कर
यूं ना अपने भरोसे को चूर चूर कर
अपनी ग़लती की माफ़ी मांग
और उसकी ग़लती पर बेशक तू डांटा कर
पर इस सफर को ना आधा कर
तू इश्क़ कर, कुछ ज़्यादा कर...!!!

"फिर भी तूं मेरा है फिर भी मैं तेरी हूं"

ना तेरा होने की ख्वाहिश
ना तुझे खोने की गुंजाइश
फिर भी तूं मेरा है
फिर भी मैं तेरी हूं

ना कुछ कहा मैंने
ना कुछ सुना तुमने
फिर भी तूं मेरा है
फिर भी मैं तेरी हूं

ना खामोशियां छाई
ना बातों की बाढ़ आई
फिर भी तूं मेरा है
फिर भी मैं तेरी हूं

ना किया कोई वादा
ना था कोई ऐसा इरादा
फिर भी तूं मेरा है
फिर भी मैं तेरी हूं

ना तुझसे मेरा कोई वास्ता
ना इन मंजिलों का कोई रास्ता
फिर भी तूं मेरा है

फिर भी मैं तेरी हूं

ना तुझसे जुदा
ना तुझसे जुड़ा
फिर भी तूं मेरा है
फिर भी मैं तेरी हूं

"संभाल पाएंगे क्या...???"

"संभाल पाएंगे क्या...???"

जब तुम परिवार में व्यस्त हो जाओ
और जब मैं भी मशरूफ हों जाऊं काम में अपने
तो संभाल पाएंगे क्या...???
जो जीने थे हमें साथ में, वो सपने

जब इंतजार में तुम थक जाओ
और इज़हार करना मैं भूल जाऊं
तो संभाल पाएंगे क्या...???
या अभी ही इस रिश्ते से मुकर जाऊं

जब तुम चले जाओ दोस्तों के साथ
और करों नहीं जब मुझसे बात
तो संभाल पाएंगे क्या...???
या धरे रह जाएंगे दोनों के जज़्बात

जब तकरार भी हद पार होगा
जब सब तार-तार होगा
तो संभाल पाएंगे क्या...???
या रिश्ता हमारा आजार होगा

और भी बहुत से ऐसे सवाल आये
आखिर में एक जवाब भी आया
हां संभाल लेंगे...!!!

कभी तुम समझो कभी मैं मानूंगा
खुल के कहना मुझसे सब कुछ
तभी तो मैं जानूंगा
कभी गलती हो मेरी, तो डांट लेना
कभी उदास रहो, तो दुख संग बांट लेना

जब हम एक दूसरे का साथ देंगे
तो मिल के सब कुछ संभाल लेंगे

"काश वो लौट आए...!!!"

काश वो लौट आए...!!!

बिना सिकवे के मुझे गले लगाएं,
सच क्या था मुझे बताएं,
सारी गलतफहमी को मिटाएं
काश वो लौट आए

जज़्बात अपने बताएं,
हालात मेरे समझ जाएं,
हाल बयां खुद के कर जाएं
काश वो लौट आए।

चाहे दरिया सा थम जाएं
चाहे झरने सा बह जाएं
चाहे लहरों सा बन जाएं
काश वो लौट आए।

बेचैनी मेरी समझें
परेशानी अपनी बताएं
फिर अपनी मौजूदगी का अहसास दिलाएं
काश वो लौट आए।

"पल भर"

पल भर के लिए ही, एक पल मांगा था
पल भर में ही फिर, पल पल को तरसे है
पल भर में ही, ओझल हो गए वो
जिनसे बिछड़ना, पल भर को न गवारा था

पल भर में ही, शुरू उनसे बात हुई थी
पल भर में ही छोटी सी, मुलाकात हुई थी
पल भर में ही,दिल भी ये हो गया उनका
जो कभी, हर पल घुमता आवारा था

पल भर में ही, छूट गया हाथ तेरा
पल भर में ही, टूट गया साथ तेरा
बाकी है, तो अब बस याद...
और हर वो पल जो साथ तेरे गुजारा था

"अभी जिंदा हूं मैं...!!!"

तू नींव हो जहां की,
बस वही का ही घरौंदा हूं मैं

तेरे साथ खड़े रहने को हर राह में,
अभी भी जिंदा हूं मैं

गर बन जाएं तू पूजनीय शालीमार सा,
तो पवित्र सी तेरी वृंदा हूं मैं

हां गुमान भी है इस बात पर,
कि तेरे लिए ही अभी भी जिंदा हूं मैं

सुन, नाराज़ मैं तुझसे नही...
खुद से ही ख़फा एक बंदा हूं मैं

अपनी नाराज़गी और नफ़रत में भी,
अफसोस... अभी जिंदा हूं मैं...!!!

जिसकी मौत की तांक में है सब,
किसी टूटते हुए से उस डाल में बैठा

एक सहमा सा परिंदा हूं मैं
अफसोस... अभी जिंदा हूं मैं...!!!

ना जाने अपनी कौन सी बात पर,
इस कदर शर्मिंदा हूं मैं

कि एक अफसोस सा है,
कि क्यों... अभी भी जिंदा हूं मैं...???

"बस थोड़ा सा मुस्कुरा दो"

हां पता है मुझे, थे कुछ लोग
जिन्होंने तुम्हारी काफी उम्मीदें तोड़ी है
पर उनका भी तो सोचो एक बार
जिनकी खुशी सिर्फ तुमसे ही जुड़ी है
उनके लिए एक बार ही सही
बस थोड़ा सा मुस्कुरा दो
हां बस थोड़ा सा मुस्कुरा दो

हां जानती हूं मैं
पसंद नहीं तुम्हें किसी के सामने
अपने ग़मो को बताना
पर इन गमों को भी थोड़ी सी मुस्कान तो दे दो
और बस थोड़ा सा मुस्कुरा दो
हां बस थोड़ा सा मुस्कुरा दो

हां जानती हूं बहुत मुश्किल होता है
इन गमों से उभरना
पर इसमें तुम्हारी खुशियों का क्या दोष
बस एक बार ही सही
दिखावे के लिए नहीं
दिल से मुस्कुरा दो
बस थोड़ा सा मुस्कुरा दो
हां बस थोड़ा सा मुस्कुरा दो

"कुछ ख़्याल मेरे..."

- अब हैरानी नहीं होती, सुकून मिलता है
  अपने लिखे शब्द, कहीं और पढ़के...!!!
- जो रस था राधा कृष्ण के प्यार में
  वो मिलता नहीं है अब इस संसार में
- खामियां सब निकालते हैं मेरी
  तुम खुबियां तलाश करलो मुझमें...!!!
- मतलबी सी दुनिया में बेमतलब सा अफसाना हूं मैं
  कोई छोटा सा किस्सा नहीं बल्कि एक फ़साना हूं मैं...!!!
- वो आखिर कब तक मेरे मसले समझें...
  उसे अपना घर भी तो संवारना है...!!!
- "मेरी उससे रोज़ मुलाकात होती है
  जिससे मैं एक रोज़ भी नहीं मिली...!!!
- खुली किताब सी हूं मैं,
  डर है, रद्दी में ना बिक जाऊं...!!!
- मिला है मुझे, एक नाउम्मीद- सा तोहफा
  एक नामचीन बेवफा ने की है, मुझसे बेशुमार वफ़ा...!!!
- ना नफ़रत तुझसे... और ना ही मोहब्बत बाकी
  रिश्ते में हमारे अब बस एहतराम ही काफी...!!!
- गुस्सा किस बात पर करूं उससे...???
  नाराज़गी मेरी उससे आखिर अपनी वज़ह से ही हैं...!!!
- तुम्हारे बहाने लाजमी है रूठ जाने के,
  पर खेद है... मुझे हुनर नहीं आते है मनाने के...!!!

- सब्र रखा था मैंने... तेरे शब्दों के लिए...
  तेरी खामोशी ने मुझे भी निशब्द कर दिया...!!!
- मुझे कमी खल रही है उसकी
  जिंदगी में कभी, दस्तक ही नहीं थी जिसकी...!!!
- तू लिखने का सलीखा बदल लें,
  कि... वो तेरे लफ़्ज़ों में साफ नज़र आता है...!!!
- मेरी बेचैनी में सुकून का पल हो तुम
  पर अफसोस मेरा गुज़रा हुआ कल हो तुम...!!!
- अच्छा सुनो...!!! जाने से पहले...
  तुम, मुझे मतलबी होना सीखा जाना...!!!
- जवाब उसके सारे सही थे
  फक्त तब सवाल मुझे मालूम नहीं था
- टूटा नहीं हूं संभल गया हूं
  रूठा नहीं हूं बदल गया हूं...!!!
- और अब की बार जो हम कोशिश करेंगे बिछड़ने को
  तो तुम्हारी यादें भी मुनासिफ ना बचेंगी भूलने को...!!!
- उसे दिक्कत असल में यहां हुई
  कि मुझे कोई दिक्कत क्यों नहीं हुई...!!!
- अच्छा सुनो...!!! जाने से पहले...
  तुम, मुझे मतलबी होना सीखा जाना...!!!
- मेरी बेचैनी में सुकून का पल हो तुम
  पर अफसोस मेरा गुज़रा हुआ कल हो तुम...!!!
- तू लिखने का सलीखा बदल लें,
  कि... वो तेरे लफ़्ज़ों में साफ नज़र आता है...!!!
- मुझे कमी खल रही है उसकी
  जिंदगी में कभी, दस्तक ही नहीं थी जिसकी...!!!

- सब्र रखा था मैंने... तेरे शब्दों के लिए...
  तेरी खामोशी ने मुझे भी निशब्द कर दिया...!!!
- या खुदा...!!! इस इश्क़ में कुछ ऐसा कर दें
  कोई किसी के लिए अब एक दफा भी ना तरसे...!!!
- जो तुम्हारे मुश्किलों में भी साथ हैं,
  वह सख्श "बाखुदा" बेमिसाल है...!!!
- मुझे रोज़ आने वाला ख्याल तुम हो,
  ना सिर्फ जवाब, बल्कि मेरा हर सवाल भी तुम हो...!!!
- आंखों में रहता था जो हर पल,
  अब वो शख्स इन्हीं आंखों को खटकने लगा है...!!!
- कि... दुनिया कहती है "मैं पाक लिखतीं हूं"
  सिर्फ तू कहता था कि मैं खतरनाक लिखतीं हूं...!!!
- कल रात बारिश जमकर हुई थी
  मुझे मेरे तकियें ने खबर दी है...!!!
- कि, मैं जो हूं मुझे वो ही रहने दो जनाब...
  मैं जो बदल गई, फिर "रास" तुमको ही ना आऊंगी...!!!
- तो अब... लफ़्ज़ों को अपने, कुछ यूं संभाल पा रही हूं,
  ना तेरा नाम ले रही हूं... ना तेरा जिक्र जुबां पर ला रही हूं...!!!
- नाम का रिश्ता, मैं भी निभाऊं क्या...???
  जता कर मोहब्बत, दगा कर जाऊं क्या...???
- हादसा एक यूं हुआ कि फिर वो न अपना रहा
  न किसी और का हुआ...!!!
- जुड़ने से पहले ही ये हाथ छुटा है...
  बिना मिलें ही तुम्हारा साथ छुटा है...!!!
- कल एक नई शुरुआत की है, एक नए पहलु पर बात की है
  ज़रा सा संभल गये है हम ज़रा सा संभलने की शुरुआत की

है...!!!
- जो बात ही न हुई कभी, उसका भी चर्चा हो गया
  खैर छोड़ो... इस बात को भी एक अरसा हो गया...!!!
- कुछ फैसलों पर अपनी, मलाल हो रहा है
  सही था या नहीं, आज फिर सवाल हो रहा है...!!!
- मेरी मुस्कान भी कभी सच्ची थी
  खैर... तब मैं छोटी बच्ची थी...!!!
- ना बेहतरीन न ही लाज़वाब हूं
  बस एक रहस्यमई खुली किताब हूं...!!!
- कहानियां समेट दी कई दफा...
  चंद लफ़्ज़ों में किस्सों की तरह...!!!?

www.ingramcontent.com/pod-product-compliance
Lightning Source LLC
La Vergne TN
LVHW041545060526
838200LV00037B/1145
* 9 7 8 1 6 3 8 0 6 4 8 9 3 *